ARIANE

DANS L'ISLE DE NAXOS,

DRAME-LYRIQUE

EN UN ACTE.

Le Poëme eſt de M. MOLINE.

La Muſique eſt de M. EDELMANN.

APPROBATION.

J'AI lu par ordre de Monſeigneur le Garde des Sceaux, *Ariane dans l'Iſle de Naxos, Drame-lyrique*, & je n'y ai rien trouvé qui m'ait paru devoir en empêcher l'impreſſion.

A Paris ce 23 Septembre 1782. BRET.

SUJET D'ARIANE.

MINOS, Roi de Créte, ayant défait les Athéniens, auxquels il avoit déclaré la guerre pour venger la mort de son fils Androgée, leur accorda la Paix, à condition qu'ils lui enverroient tous les ans un tribut de sept jeunes garçons pour être renfermés dans le labirinthe, & y devenir la proie de Minotaure. Théſée revint à Athenes, pendant qu'on alloit faire tirer au sort pour la troisieme fois les enfants destinés à ce tribut honteux. Les Athéniens au désespoir, éclatoient en murmures, & tout annonçoit une révolte générale. Théſée pour les appaiser, s'offrit volontairement pour être une des victimes. A son arrivée dans l'Isle de Créte, sa bonne mine lui gagna le cœur d'Ariane, fille de Minos, qui lui donna un peloton de fil, par le moyen duquel il sortit du labirinthe, après avoir vaincu le Minotaure : ensuite cette jeune Princesse s'en alla avec lui; mais il l'abandonna sur un rocher dans l'Isle de Naxos.

En adaptant à la Scêne-Lyrique ce Sujet, (imité d'un Mélodrame Allemand,) l'on suppose que les Athéniens ont decouvert la retraite de Théſée dans cette Isle, & qu'ils viennent l'en arracher pour le conduire au sein de sa Patrie. Théſée cédant à son amour pour la gloire, sacrifie sa tendresse pour Ariane; & se dérobe à ses yeux pendant son sommeil: il espere que quelque Divinité prendra soin de sa conservation, & sa fuite rend en quelque sorte excusable son ingratitude envers sa bienfaitrice par le noble motif qui l'inspire. Ariane se voyant abandonnée, & ne pouvant survivre à son désespoir, se précipite dans la Mer.

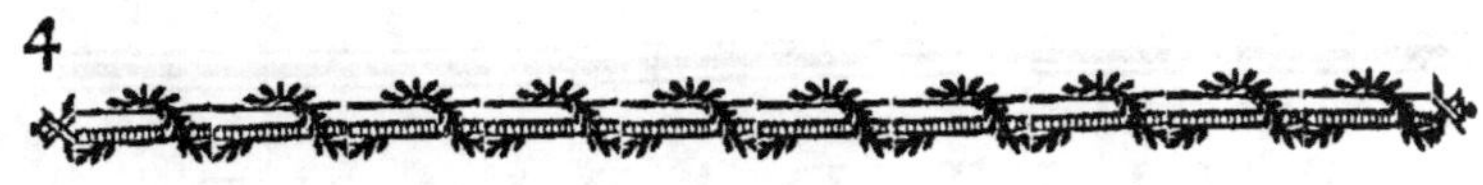

ACTEURS.

ARIANE, *Fille de Minos, Roi de Crête,* — Mme St Huberti.

THÉSÉE, *Fils d'Egée, Roi d'Athènes,* — M. Laïs.

TROUPE DE GUERRIERS *Atheniens.*

LES NYMPHES *Oréades.*

TROUPE *de* MATELOTS.

La Scêne est dans l'Isle de NAXOS.

ARIANE
DANS L'ISLE DE NAXOS,
DRAME-LYRIQUE.

Le Théâtre représente une Isle escarpée & sauvage entourée de rochers, contre lesquels les vagues de la Mer viennent se briser : on voit d'un côté quelques arbres qui annoncent l'entrée d'une Forêt, & de l'autre côté un énorme rocher qui s'avance sur la Mer.

(La Scène se passe avant le lever du jour.)

SCENE PREMIERE.

ARIANE, THÉSÉE, TROUPE DE GUERRIERS ATHÈNIENS *derriere le Théâtre.*

(Ariane est endormie sur un rocher, pendant que Théſée arrive sur la Scène; mais avant qu'il paroîsse, l'on entend les voix des Athèniens.)

CHŒUR des GUERRIERS *Athèniens, derriere le Théâtre.*

QUE Théſée abandonne un funeste rivage!
Qu'il nous suive aux champs de l'honneur?

THÉSÉE paroissant sur le sommet du rocher.

(*Aux* ATHÉNIENS.)

Qu'exigez-vous, cruels! qu'elle est votre rigueur?..

CHŒUR des ATHENIENS *derriere le Théâtre.*

Arrachons de ce lieu sauvage
Le plus intrépide vainqueur!

THÉSÉE en descendant du rocher, & s'approchant d'Ariane endormie.

(*Aux* ATHENIENS.)

Barbares! laissez-moi: je veux la voir encore....
Ah! c'est pour la derniere fois!...

(*Il regarde* ARIANE *en soupirant.*)

Belle Ariane, que j'adore,
Ton amour sur mon cœur n'a pas perdu ses droits;
Cependant pour te fuir je devance l'Aurore....
Tu te livres sans crainte aux douceurs du sommeil;
Et tu ne pressents pas l'horreur de ton réveil!

(*à part, avec transport.*)

Dieux! je lui serois infidèle!...
Des fureurs de Minos, qui m'eut sauvé sans elle;
Du labirinthe affreux qui m'auroit retiré?
Et ce monstre effrayant qui me l'auroit livré?...
Elle a tout quitté pour me suivre:
Sans elle je ne sçaurois vivre;

Et je la laiſſerois dans ces funeſtes lieux,
En proye aux monſtres furieux?...

A i r.

(*Il ſe retourne du côté où ſont les Athéniens.*)

Non! votre cruauté ne ſera point remplie
Inflexibles Athéniens!
Si d'un tribut honteux j'ai ſauvé ma Patrie,
J'ai rempli mes devoirs & l'amour à les ſiens.

(*Ariane paroît émue en rêvant.*)

Mais.... que vois-je?... ſon cœur palpite...
Elle ſoupire.... elle s'agite...

ARIANE, en rêvant.

Théſée!...

THÉSÉE.

Elle m'appelle?...

ARIANE, toujours en rêvant.

Au ſecours cher amant!
Viens défendre Ariane....

THÉSÉE.

O funeſte moment?
Mon Ariane!... ah! mon eſprit s'égare!...

ARIANE, toujours en rêvant.

Ciel! il m'abandonne... ah! barbare!...

THÉSÉE, avec une tendre émotion.

Ariane! Ariane! objet de tous mes vœux!...
Qui? moi, t'abandonner dans ce ſéjour affreux!...

CHŒUR des ATHENIENS, derriere le Théâtre.

Que Théſée abandonne un funeſte rivage;
Qu'il nous ſuive aux champs de l'honneur!
Arrachons de ce lieu ſauvage
Le plus intrépide vainqueur.

(*On entend le ſon des trompettes dans le lointain.*)

THÉSÉE.

Qu'entends-je?... ils m'appellent encore?...

(*Il ſe retourne vers le rivage, avec un air de dépit.*)

Dieux puiſſants que j'implore!
A quoi me réſoudre?... (*aux Guerriers.*) cruels!...
Quel démon vous a pu découvrir ma retraite?
J'étois dans ce ſéjour ignoré des mortels!
Cette Mer dangereuſe où regne la tempête;
Ces rochers eſcarpés qui menacent les Cieux,
Etoient pour notre amour un lieu délicieux!...

(*Il s'approche d'ARIANE.*)

Je ne puis la quitter!... oui, leur attente eſt vaine.

L'Amour m'enchaîne ſur ſes pas.
Quand tous les Grecs devroient m'accabler de leur haine,
Ils ne pourront jamais m'arracher de ſes bras.

(*Il preſſe les mains d'*ARIANE *, & tout-à-coup s'éloigne d'elle d'un air confus.*)

Que fais-je ? .. qu'elle honte ! ... évitons ſes appas !...

(*Il fait encore un mouvement pour s'approcher d'*ARIANE*, & ſe recule avec effroi.*)

AIR.

Non, non, plus de pitié, la gloire eſt triomphante !
Un brillant avenir à mes yeux ſe préſente :
Fuyez lâches ſoupirs, l'honneur conduit mes pas ;
Je redeviens héros, & je vole aux combats !...
Non, non, plus de pitié ; la gloire eſt triomphante !

SCENE II.

ARIANE *endormie*, THÉSÉE, *Troupe de Guerriers* ATHÉNIENS, *dans l'éloignement.*

(*Les Athéniens paroiſſent ſur le rivage ; pendant que pluſieurs autres deſcendent du haut des rochers pour ſe joindre à eux.*)

CHŒUR des Guerriers Athéniens raſſemblés ſur le rivage de la Mer.

ALLONS le chercher ; hâtons-nous....
Qu'il défende notre Patrie !...

THÉSÉE, en faiſant quelques pas vers les Athéniens.

Grecs, appaiſez votre courroux....
Oui, pour me rendre auprès de vous
J'immole mon repos, le bonheur de ma vie....

(*Il revient auprès d'Ariane.*)

AIR.

(*Il la regarde en ſoupirant.*)

O toi, dont je trahis la tendreſſe & la foi !
Toi, qui ne connois point le tourment que j'endure ;

N'irrite jamais contre moi
Les Dieux qui vengent le parjure.
Tu fus le cher objet de mes vœux empressés,
Mes regrets, mes remords te vengeront assez...
Ils me suivront par tout.... c'est en vain que la gloire
Prétend sur mon amour emporter la victoire ;
Thésée adore tes attraits,
La flamme de mon cœur ne s'éteindra jamais !

SCENE III.

ARIANE *endormie.* THÉSÉE, *les* GUERRIERS *Athéniens*, *Troupe de* MATELOTS *qui paroissent dans plusieurs Navires.*

(*Plusieurs Vaisseaux Athéniens abordent le rivage, & l'on en voit sortir une troupe de Soldats armés qui se joignent aux Capitaines Athéniens.*)

CHŒUR des ATHÉNIENS.

DAns ce désert Thésée ose flétrir sa gloire ;
C'est trop nous arrêter ; remplissons nos projets !...
(*Ils trament une conspiration contre Ariane.*)

THÉSÉE, à part, & d'un air inquiet.

Où courent ces Guerriers!... quels funeftes apprêts!..

(Les Athéniens s'approchent de Théfée.)

THÉSÉE *s'oppofant à leur paffage.*

Arrêtez!...

LES ATHÉNIENS.

Avançons!...

THÉSÉE *tirant fon épée en menaçant les Guerriers.*

(Aux Grecs.)

Refpectez tant de charmes!...

(à part, en regardant Ariane.)

Nymphes de ces rochers, daignez la fecourir!..

(Ariane paroît fe réveiller.)

Elle s'éveille... ô Ciel!... fes larmes
Pourroient encore m'attendrir....
Il faut m'éloigner d'elle!...

CHŒUR *des Athéniens qui entraînent Théfée malgré lui.*

Hâtez-vous de partir?...

THÉSÉE.

(Aux Grecs.) *(à part.)*

Je vous fuis!..... ô douleur extrême!.....

Oui,

Oui, c'en est fait!... je m'arrache à moi-même!

(*Il monte sur la poupe d'un Vaisseau, en tendant les bras vers Ariane.*)

Ariane! Ariane!... hélas! il faut te fuir!...

(*Tous les Guerriers s'embarquent, & les Vaisseaux disparoissent.*)

(*Ariane s'éveille.*) (*Le jour commence à paroître.*)

SCÈNE IV.

ARIANE, *seule.*

(*Elle se leve avec précipitation, & regarde de tous côtés.*)

THésée!. ah! je l'entends! c'est sa voix qui m'appelle!
Mais... je ne le vois point... un songe trop flatteur
Avoit séduit mon cœur!...

AIR.

Je vois briller l'Aurore!.... ô Déesse immortelle!
Jamais à mes regards tu ne parus si belle!
Le Soleil qui te suit, de son char radieux
Répand dans l'univers son éclat & ses feux!

Mais, Théſée eſt abſent; je ne ſuis point tranquille...
Depuis que j'habite cette Iſle,
L'Aurore à mes côtés le ſurprenoit toujours;
Elle étoit le témoin de nos tendres amours....
Aujourd'hui pour me fuir l'as-tu donc prévenue?...
Ce déſert paroiſſoit s'embellir à ta vue,
Cher Amant, Reviens; loin de toi
Ce funeſte ſéjour n'a point d'attraits pour moi!
Tout offre à mes regards l'horreur de la nature,
Les vagues de la mer font un affreux murmure;
Ces rochers menaçants ſuccombent ſous leur poids;
Le Lion rugit dans ces bois....
Ah! cher Théſée! accours, viens diſſiper ma crainte?
N'entends-tu pas ma triſte plainte?..
Viens raſſûrer mon cœur;
Ariane t'en prie:
Ariane qui t'aime & tremble pour ta vie.
Hâte-toi, calme ma douleur?....

(*Elle s'aſſeoit ſur un rocher.*)

Ah! combien cette nuit tu m'as coûté de larmes!
Grands Dieux! quel étoit mon effroi?
Ce ſonge excite encore mes mortelles allarmes!...
Théſée au mépris de ſa foi
Vouloit m'abandonner; il fuyoit ſon Amante;
Vainement je l'implore: éperdue & tremblante,

Je vole, je m'écrie... hélas! il disparoit;
Parmi les champs de Mars sa valeur l'entraînoit...

(*Elle se leve.*)

Mais auprès d'Ariane il ne vient point se rendre?
Vous qui l'avez sauvé par mon tendre secours,
Dieux puissants! daignez le défendre.
Veillez encore sur ses jours;
Quelque monstre en fureur peut ici le surprendre.

(*Elle le cherche de tous côtés.*)

A I R.

Il ne vient point.. ô ciel!.. que mon cœur est ému!..
Thésée! entends mes cris!.. Ah! qu'es-tu devenu!..
Qui peut te retenir? reviens, mon cher Thésée!....
Quel effrayant écho répond à mes accens?
Et quels horribles sifflemens!....
L'orage approche. hélas!.. mon ame est oppressée!..
Quoi! tu l'entends, Thésée, & tu fuis loin de moi!
C'en est trop: je vole après toi.

(*Elle monte sur le rocher.*)

Quelques nuages sombres commencent à se répandre sur l'horison.

SCENE V.

ARIANE, LES NYMPHES ORÉADES.

CHŒUR des NYMPHES ORÉADES, divisées en différens grouppes, parmi les rochers.

TU ne reverras plus cet Amant infidele ;
Tu le perds pour jamais : cesse de le chercher.

ARIANE, effrayée.

Ciel !

CHŒUR des NYMPHES ORÉADES.

Les Nymphes de ce rocher
L'ont vu fuir vers les lieux où sa gloire l'appelle.
Au lever du jour ses vaisseaux
Ont bravé la fureur des flots.
Il t'abandonne.

(Ariane descend pendant ce Chœur jusqu'au pied du rocher en chancelant.)

(Toutes les Nymphes disparoissent.)

SCENE VI.

ARIANE, *ſeule.*

(*Elle tombe évanouie.*)

O Dieux! je me meurs! Malheureuſe!
Cruel!.. m'abandonner ſur cette rive affreuſe!..
J'ai conſervé tes jours par pitié pour ton ſort;
Pour toi j'ai tout quitté, mes parens, ma patrie;
Oui, pour toi mille fois j'aurois donné ma vie!
Théſée, étoit-ce à toi de me donner la mort?..
Que vais-je devenir?.. A quoi donc me réſoudre?..

(*Elle ſe releve.*)

Dieux offenſés! tonnez, lancez ſur lui la foudre.
Vengez-moi, vengez-vous!.. Il trahit ſon ſerment;
Accablez de vos traits le plus perfide amant.

AIR.

Grands Dieux! eſt-ce donc la foibleſſe
Qui mérite votre courroux?...
Ah! ſi la trahiſon, le crime & la baſſeſſe
Doivent être punis, pourquoi balancez-vous?
Pourriez-vous épargner l'ingrat qui m'abandonne?

Je vois de tous côtés la mort qui m'environne,
Cessez de me faire souffrir;
Abrégez mes tourmens, ou faites-moi périr...

(*Elle parcourt le Théâtre toute égarée.*)

Où suis-je?.. j'apperçois les rives du Cocyte...
Les enfers... Ecoutons... quelle terreur m'agite?
J'entends un affreux hurlement!
O ciel! je vois Thésée au milieu des furies.
Exercez contre lui toutes vos barbaries,
Filles du Styx! frappez, déchirez-lui le flanc;

AIR.

Oui, que le parjure frémisse!
Repaissez mes regards de son cruel supplice!
Que tous vos serpens en fureur
Dévorent son perfide cœur!
Hâtez-vous, servez ma vengeance!
Point de pitié, point de clémence,
Précipitez l'ingrat dans ces gouffres ouverts!
Qu'il périsse!.. arrêtez... hélas! je l'aime encore..
Barbares! épargnez un ingrat que j'adore!

(*Elle s'asseoit sur un rocher, & revient à elle insensiblement; ensuite on entend une douce symphonie.*)

Quels sons touchans, frappent les airs!

SCENE DERNIERE.

ARIANE, LES NYMPHES ORÉADES.

CHŒUR des Nymphes Oréades parmi les Rochers.

O VICTIME déplorable !
Nous partageons la douleur qui t'accable ;
L'erreur de ton cœur amoureux,
Te fait abandonner des Mortels & des Dieux.

ARIANE, à part, en se levant.

AIR.

Il n'est donc pour moi plus d'asyle !..
Ah ! j'étois autrefois innocente & tranquille ;
Je ne connoissois point les tourments de l'amour :
Je me reposois chaque jour
Sur le sein d'une tendre mere ;
Elle étoit fiere
De mes vertus.
Hélas ! j'ai perdu sa tendresse
Pour une seule foiblesse ;
Inutiles regrets ; mes pleurs sont superflus.

(*Le Ciel se couvre de nuages ; les éclairs brillent, le tonnerre gronde & les vagues de la mer s'agitent : tout annonce la plus horrible tempête.*)

Mais, qu'elle nuit ſuccéde à la plus belle aurore!..
Quel affreux déſordre?.. quel bruit?...
La Mer ſe ſouleve & mugit;
Quels terribles éclairs!... ils redoublent encore..
(Le tonnerre tombe.)
Dieux irrités, qui voulez mon trépas?...
Vous qui voyez le parjure & le crime,
Et qui ne le puniſſez pas?...
Et bien tonnez, frappez, voila votre victime.

(Elle monte ſur le rocher qui s'avance ſur la Mer.)

CHŒUR *des Nymphes Oréades qui tendent toutes leurs bras vers Ariane.)*

(à Ariane.)

Viens gouter près de nous les charmes du repos...

ARIANE, aux NYMPHES.

Non, la mort doit finir mes maux;
Elle me pourſuit; m'environne;
Je cours la trouver dans les flots?

(Pendant qu'elle eſt ſur le ſommet du rocher, le éclairs ſe ſuccédent avec plus de violence.)

(Ariane tendant ſes bras vers le Ciel, appelle encore ſon Amant.)

Théſée!... ah! c'en eſt fait! hélas! tout m'abandonne;
Des Dieux & des mortels, je brave les rigueurs,
Dans le ſein de la Mer terminons mes malheurs!

(Elle ſe précipite dans la Mer.)

FIN DU DRAME LYRIQUE.

www.ingramcontent.com/pod-product-compliance
Lightning Source LLC
LaVergne TN
LVHW050512160826
845677LV00003B/1091

* 9 7 8 2 3 2 9 6 1 5 8 1 3 *